Werner Krüger
Die Karikatur als Medium in der politischen Bildung

AF130856

Werner Krüger

Die Karikatur als Medium in der politischen Bildung

Springer Fachmedien Wiesbaden GmbH 1969

ISBN 978-3-663-12042-1   ISBN 978-3-663-12041-4 (eBook)
DOI 10.1007/978-3-663-12041-4

Verlags-Nr. 19008

© 1969 by Springer Fachmedien Wiesbaden

Ursprünglich erschienen bei C. W. Leske Verlag, Opladen 1969

Inhaltsverzeichnis

A. Allgemeine Darstellung der Gesamtthematik und ihrer Probleme

1. Zur gegenwärtigen Situation im Problembereich

Wenn man die gebräuchlichsten Schülerhandbücher für den sozial-kundlich-politischen Unterricht einmal daraufhin untersucht, inwieweit sie die Karikatur als illustratives Anschauungsmittel berücksichtigen, stößt man auf einen erstaunlichen Mangel, auf ein fast völliges Fehlen dieses fachspezifischen, politisch relevanten Mediums. Erst die jüngeren und jüngsten Unterrichtswerke, die nach dem Konzeptionsprinzip politischer Fallstudien aufgebaut sind und dem Schüler die Möglichkeit bieten, an Hand der Darstellung von Meinung und Gegenmeinung zu einer eigenen Einsichtsgewinnung und Urteilsfindung zu kommen, bieten einige Beispiele, die aber sowohl hinsichtlich ihrer graphischen Gestaltung und künstlerischen Wirkung als auch hinsichtlich der didaktischen Verwendbarkeit kein allzu großes Auswahlgeschick verraten. Unter den Autoren von Lehrerhandreichungen und Lehrbüchern der Didaktik gibt es meines Wissens nur einen einzigen, nämlich Rudolf Engelhardt, der den Einsatz der politischen Karikatur als Unterrichtsmedium näher beschrieben hat, jedoch auch nur im Zusammenhang mit weiterreichenden methodischen Überlegungen, gleichsam als Exkurs zur Frage der Wissensvermittlung und ihrer Probleme.

Dieser offensichtlichen Lücke innerhalb des Lehrbuchangebotes entspricht die Tatsache, daß die politische Karikatur nur selten in die Praxis sozialkundlich-politischen Unterrichts einbezogen wird. Jedoch macht eine eingehende Beschäftigung mit dem Gesamtproblem sehr bald deutlich, daß damit keinesfalls die Ursachen solchen Mangels schon aufgedeckt sind. Sie liegen tiefer und sind zu einem erheblichen Teil in der spezifischen Struktur des Mediums selbst begründet.

Zunächst überrascht die Konstatierung dieser medialen und thematischen Lücke, weil der politisch Interessierte und Engagierte längst gewöhnt ist, die Karikatur in Presse und politischer Publikation, im Zeichentrickfilm und in den Karikaturenspots des Fernsehens als selbstverständlichen, kaum noch wegzudenkenden Bestandteil moderner Massenmedien anzusehen.

Fragt man nach den Gründen für das fast völlige Fehlen dieses politisch relevanten Anschauungsmaterials im schulischen Bereich, mag zunächst der Verdacht naheliegen, der betuliche Ernst, mit dem auf vielen Ebenen unseres öffentlichen Lebens mit der bisherigen Ausformung der Demokratie umgegangen wird, vertrage die beißende Ironie und den aggressiven Scherz nicht – oder noch nicht –, der als Form zugespitzter oder gar überspitzter Kritik in der Karikatur seinen Ausdruck sucht. Auch mag man geneigt sein zu argwöhnen, hier zeige sich in der Animosität gegen die graphisch gestaltete Polemik ein spezieller Aspekt jener landläufigen Meinung, daß das »politische Lied« – und damit ist ja vor allem das kritisch-satirische gemeint –, das gerade in dieser Erscheinungsform besonders »garstige Lied« sich für den Jugendlichen kaum eigne, weil er das Für und Wider, das in der politischen Karikatur seine graphische Gestaltung findet, noch nicht abwägend überschauen könne und deshalb zu Fehleinschätzungen kommen müsse. So bestechend diese Vermutungen bei entsprechender Formulierung klingen mögen, sie zielen nur auf einen unter zahlreichen Aspekten, bleiben mehr oder weniger an der Oberfläche der scheinbar eingängigen Bestätigungen vorgefaßter Urteile.

Die Vielschichtigkeit und Heterogenität sind es vielmehr, welche die Reflexion über die Karikatur erschweren, die didaktische Analyse bei ihrer Einbeziehung in den Unterricht diffizil gestalten und der unterrichtspraktischen Verwendung bisher Grenzen gesetzt haben. Man muß aber gerade in diesem Fall eine Untersuchung der charakteristischen Elemente der Karikatur in einer angemessenen Breite und Vertiefung an den Beginn jeder didaktischen Antizipation stellen, um sinnvoll mit diesem visuellen Medium umgehen zu können, das durch seine Struktur und innerhalb seiner historischen Entwicklung zu erstaunlich divergenten Erscheinungsformen neigt.

2. Versuch einer Strukturanalyse

Schon beim Versuch einer Strukturanalyse wird deutlich, daß die politische Karikatur in ein Geflecht von Beziehungslinien eingeordnet ist, deren Ausgangspunkte in den verschiedenartigsten Bereichen liegen. Als Ergebnis graphisch gestalteter Intuition unterliegt die Karikatur ästhetischen und kunstphilosophischen Kriterien. Der sie – meist als integrierender Bestandteil – begleitende Text bringt eine unmittelbare Verknüpfung mit den literarischen Elementen der Satire, Parodie oder Travestie. Die modernen Formen ihrer Verbreitung machen die Karikatur zu einem Untersuchungsgegenstand der Kommunikationslehre; als politisch bedeutsames Medium ist sie ein Träger gesellschaftlicher und politischer Kritik, und damit Mitinitiator öffentlicher Meinungsbildung.

Diese skizzenhafte Fixierung des Standortes der Karikatur im Schnittpunkt verschiedenartiger Beziehungslinien macht deutlich, daß auch innerhalb der *didaktischen* Strukturmomente eine ausgeprägte Interdependenz besteht[1]. Als Ergebnis eines schöpferischen künstlerischen Prozesses hat die Karikatur mit ihrer Wirkung zunächst einen intentionalen Ansatzpunkt – etwa auf der Qualitätsstufe der Anbahnung – in der emotionalen Dimension. Jedoch werden durch die zugrunde liegende Thematik, durch deren intellektuelle Durchdringung und kritisch-satirische Zuspitzung vor allem Einsichtsprozesse im kognitiven Bereich ausgelöst, die ihrerseits bei sinnvoller methodischer Lenkung und Vertiefung auch die pragmatische Dimension tangieren, indem sie im Umgang mit diesem Medium Fähigkeiten und Fertigkeiten weiterentwickeln helfen, die im Zeitalter der Massenmedien als moderne Kulturtechniken unerläßlich sind.

3. Primäre Formelemente

Unterzieht man die einzelnen strukturellen Elemente der Karikatur einer näheren Untersuchung, so kommt zunächst der künstlerisch-graphischen Gestaltung zweifellos eine vorrangige Bedeutung zu. Ein weites Feld von Deutungsmöglichkeiten tut sich auf, spannungsreiche Gegensätze zeichnen sich ab, und eine allgemeine Begriffsbestimmung innerhalb des ästhetischen Bereiches scheint kaum möglich. Das beginnt auch schon bei einer Definition des Begriffes Karikatur vom etymologischen Ansatz aus. Das auf eine keltische Wurzel zurückgehende spätlateinische caricare hat die Bedeutung von laden, beladen, belasten. Erst durch seine Ausformung im italienischen Substantiv caricatura gewinnt die ursprüngliche Nebenbedeutung, im Sinne von »das Überladene, Übertriebene«, stärkeres Gewicht und führt allmählich – die Wörterbücher kennen es erst seit dem 18. Jahrhundert – zum heutigen Begriff »Karikatur«. Nun gehört zur landläufigen Lesart dieses Wortes offenbar noch immer die Vorstellung des Übertreibens im Sinne von: das Äußerliche vergröbern. Vergegenwärtigt man sich aber die Identität der sprachlichen Wurzel mit der benachbarter Fremdwörter, z. B. mit Charge (etwa in der Zusammensetzung: Chargenschauspieler), wird zugleich noch eine andere Komponente sichtbar: die des Charakteristischen und Typischen. Erst in dieser erweiterten Form ist also eine Begriffsdeutung von der sprachlichen Herkunft ausgehend möglich. Überraschenderweise führt ein Überblick über die Formeigentümlichkeiten der Karikatur zu einem ähnlichen mehrdeutigen Ergebnis.

Ein Ursprung der Karikatur liegt offenbar in der Freude des Künstlers an der spielerischen Beweglichkeit der graphischen Form, ein sich selbst genügendes Ausproben proportionaler Verhältnisse durch deren ständig variierte, scherzhafte Übertreibungen. Hier zeigen sich die Wurzeln der Porträtkarikatur, eines satirischen Spiels mit physiognomischen Formen. Meist treffen wir dabei auf alle Merkmale des spontanen Erfassens und skizzenhaften Festhaltens. In diesem Sinne ist die Karikatur eine Ausdruckskategorie in der bildenden Kunst, eine unter vielen. Die Mechanik des Formprozesses verläuft nun aber bei der Karikatur eindeutig in der Richtung auf Zusammenfassung, Vertiefung und damit Abstraktion. Die Nähe zur Bilderschrift und zur Chiffre wird deutlich. Zugleich wird mittels der vereinfachten Formstruktur eine besondere Wirkungsmöglichkeit der Karikatur geschaffen: sie kann zum Bildsignal, zum Schlagwort in graphisch gestalteter Form werden. Die formelhaft-abstrakte Komponente der Karikatur bezeichnet ihren vornehmlich artistischen Ursprung, setzt zugleich die Existenz einer unmittelbaren Wirklichkeitsanschauung voraus, von deren subjektiver Umsetzung bisher die Rede war. Die Tendenz zur Formchiffre umreißt die vorwiegend esoterische Zone im Spannungsfeld der Karikatur, ihre direkte Wirklichkeitsbezogenheit die andere, der eine realistisch-berichtende Tendenz innewohnt. Überwiegt diese Tendenz, wird die Karikatur zur Tatsachenreportage, zum Situationskommentar. Immanent wird hier auch die volkstümliche Sphäre wirksam, der die Entwicklung der Karikatur viele Impulse verdankt und ohne die sie in ihrer heutigen Form gar nicht denkbar ist [2].

4. Zur historischen Entwicklung

Beide Komponenten, die realistisch-berichtende und die formelhaft-abstrakte, gehen zwar von einem bipolaren Ansatz aus, treten aber in immer neuen Verbindungen zusammen, die im Werk der größten Karikaturisten eine unlösliche Verschmelzung eingehen. Beide Komponenten treten auch in der historischen Entwicklung der Karikatur wechselweise als Schwerpunkt auf. Die Porträtkarikatur geht auf die Brüder Carracci zurück, die in der zweiten Hälfte des 16. Jahrhunderts Bologneser Volkstypen in karikierenden Skizzen festhielten. Die Karikatur als Tatsachenreportage und breit angelegter Situationskommentar hat zwar in Deutschland frühe Vorläufer in den Flugblatt-Holzschnitten der Reformationszeit – sie sind heute aber weniger künstlerisch, sondern meist nur kulturhistorisch beachtenswert, weil sie, im Gegensatz zur Malerei jener Zeit, einen guten Einblick in die Sitten und Lebensgewohnheiten der Epoche bieten. Die gesellschaftskritische Karikatur im engeren und eigentlichen Sinn verdanken wir dem England des beginnenden 18. Jahrhunderts. Hier ist vor allem William Hogarth zu nennen, dessen Zyklen jene Symbolfiguren ausprägen, die jeweils einem bestimmten Typus entsprechen, später in trivialer Form in den Bildergeschichten der Witzblätter wieder auftauchen und heute in den comic strips und Zeichentrickfilmen anzutreffen sind.
Im 18. Jahrhundert hat die Karikatur ihre Schwerpunkte in Spanien mit Goya, im 19. Jahrhundert einen vielleicht einmaligen Höhepunkt in Frankreich mit Daumier. Er, der mannigfaltigste

Wechselfälle der französischen Geschichte miterlebt hat – Louis-Philippe und Napoleon III., die Revolution von 1830 und 1848, die Kommune und die Besatzungszeit von 1870 –, wird zum gesellschaftskritischen und politisch-satirischen Chronisten seiner Zeit [2]. Die politische Graphik großen Stils, die er entscheidend beeinflußt hat – wobei die 1798 von Senefelder entwickelte Lithographie als adäquates technisches Verfahren Wirkung und Verbreitung steigerte –, finden wir in Deutschland später bei George Grosz, dem jungen Barlach, Käthe Kollwitz und schließlich, bis in unsere Zeit hineinreichend, bei A. Paul Weber.

5. Die literarisch-publizistische Komponente

Neben dieser politischen Graphik großen Stils gibt es in allen Ländern gleichsam als Alltagsvariante die zeitkritische Pressekarikatur, die alle wichtigen Geschehnisse mit den Mitteln der angewandten Graphik kommentiert, am konzentriertesten in den zeittypischen politisch-satirischen Periodica – so in Deutschland vor allem im »Simplicissimus«, im »Wahren Jacob«, in den »Fliegenden Blättern« –, doch nicht weniger bedeutsam in den Tageszeitungen und in den modernen Massenmedien, da ja auch Film und Fernsehen sich der zeitkritisch-kommentierenden Karikatur bedienen.
Gerade in der Pressekarikatur wird die Verknüpfung mit dem literarischen Moment besonders deutlich. In diesem Sinne, aber nicht für den Gesamtbereich der Karikatur, ist die Feststellung zu bejahen, die Theodor Heuss in seiner bereits 1910 entstandenen Arbeit »Zur Ästhetik der Karikatur« [3] trifft: »Sie ist kein Kind der Anschauung und der künstlerischen Darstellung, sondern der ›literarischen‹ Idee und der künstlerischen Mittel.« Die zugespitzte Replik muß treffsicher sein, sowohl in der Zeichnung wie im sie begleitenden Wort, die verbale und die graphische Pointe müssen einander entsprechen. Im begleitenden Text kristallisieren sich literarische Elemente der Satire und Ironie, persiflierend, parodierend oder travestierend, so wie der künstlerischen Gestaltung der Karikatur die Tendenz zum Formkonzentrat innewohnt. Diese enge Verflechtung mag Ursache dafür sein, daß sich auch Dichter gelegentlich in Laienkarikaturen versuchen. (Abb. 1) Ein Beispiel ist

die mit den Ausdrucksmitteln der Karikatur gestaltete Skizze Franz Kafkas. Der zur Situationscharakterisierung beigefügte Titel »Bittsteller und hoher Gönner« unterstreicht den sozialkritischen Bezug und gibt zugleich einen Hinweis für eine mögliche didaktische Verwendung. (Abb. 2) Ein weiteres Beispiel: eine Karikatur Jean Cocteaus, einen impressionistischen Maler ironisierend. Georg Ramsegger, der bedeutendste unter den zeitgenössischen Interpreten deutscher Karikaturen und Biograph deutscher Karikaturisten, hat das hier besonders hervortretende Gestaltungselement graphischer Motorik in einem anderen Zusammenhang einmal »kalligraphische Linientänze« genannt. Nur als Hinweis sei in diesem Zusammenhang angemerkt, daß die Spontaneität und vorwärtsdrängende Motorik in der Arbeitsweise vieler Karikaturisten der psychischen Dynamik junger Menschen zutiefst entspricht und sich als progressives Element innerhalb des didaktischen Prozesses nutzbar machen läßt, ganz ähnlich der Bildmotorik des Films.

6. Zeitgeschichtliche Authentizität

(Abb. 3) Ein in politischer Hinsicht besonders prägnantes Beispiel für den Umgang eines Dichters, eines Mannes der Feder, mit der Karikatur sind die großflächigen Karikaturen, die vorrangig unter der Mitwirkung Wladimir Majakowskis um 1920 in Moskau entstanden. Man benutzte leerstehende Werbeflächen und Schaufenster, um mit eilig entstandenen Plakaten, in oft karikierend gestalteten Bildfolgen die Bevölkerung – unter der sich ja noch eine erhebliche Zahl von Analphabeten befand – mit politischen Meldungen und Kommentaren vertraut zu machen. Die Karikatur wird damit in einem noch unmittelbareren Sinne zum Medium politischer Agitation. Durch dieses unmittelbare Eingreifen in den politischen Tageskampf wird sie für den zeitgeschichtlichen Unterricht zu einem besonderes interessanten Dokument.

(Abb. 4) Ähnlich aufschlußreich ist das Anlageblatt eines Rundschreibens des Gauvorstandes Hannover des Reichsbanners vom 23. 3. 1932. Hier wird an Hand der Skizzen deutlich gemacht, wie die während des Wahlkampfes zur Reichspräsidentenwahl von den Nationalsozialisten an Häuser und Zäune geschmierten Hakenkreuze von den Mitgliedern des Reichsbanners durch karikierende Ergänzungen, z. T. unter Beifügung des eigenen Symbols, der drei Pfeile, propagandistisch unwirksam gemacht bzw. ins Gegenteil der beabsichtigten Wirkung verkehrt werden konnten. Ein solches zeitgeschichtliches Dokumentarmaterial schafft u. a. die Möglichkeit, im Unterricht die agitatorische Intensität der Wahlkämpfe in den Jahren 1930–1932 zu veranschaulichen.

Der Vorteil zeitgeschichtlicher Authentizität bietet sich auch bei der Verwendung politischer Plakate im Unterricht, die zudem dadurch erleichtert wird, daß – was auch für die Karikaturen gilt – bei den Landesbildstellen Lichtbilderserien mit einer begrenzten Auswahl solchen Materials vorhanden und damit für die Praxis ausleihbar sind[4]. Plakat und Karikatur haben schon in ihrer Intention gemeinsam, daß das Wesentliche eines Sachverhalts möglichst mit einem Blick erfaßt werden kann, und die Wirkung oft noch gesteigert wird durch einen kurzen, prägnanten Text. So treffen wir immer wieder auf Plakate, die das karikierende Moment mit der Eindringlichkeit des Plakativen zu verschmelzen suchen (Abb. 5). Dafür ein Beispiel aus dem Hungerjahr 1917 und ein ganz anderes aus dem Jahr 1946 (Abb. 6). In diesem Fall – und das läßt sich bei vielen Karikaturen nachweisen – wird besonders deutlich, wie nahe die Steigerung des Grotesken dem Satanisch-Dämonischen kommt. Das Resultat der Politik Hitlers wird hier in der Projektion auf seine Physiognomie transparent. Hinter der nicht mehr sichtbaren Maske demagogischer Dämonie tritt die längst vorauszuahnende Endphase zutage: Tod und Untergang. Die Wirkung der Darstellung ist zugleich eine mit aller Härte entlarvende wie auch unmißverständlich warnende. Eine Wirkungsform, die ja auch bei George Grosz und A. Paul Weber immer wieder angestrebt wird und schon seit Goya und Daumier zum Bereich der gesellschaftskritisch-politischen Graphik gehört (Abb. 7). So etwa, wenn Weber in seiner Graphik »Rückgrat raus« darstellt, wie die Diktatur mit Hilfe ihrer Schinder versucht, dem Menschen seinen Rück-Halt (hier im ureigensten Sinne des Wortes) zu rauben. Oder wenn Weber in dieser bekannten Federzeichnung »Das Verhängnis« aus dem Jahre 1932 visionär den Weg beschreibt, den die enthusiasmierte Anhängerschaft des Nationalsozialismus dann tatsächlich gegangen ist – oder richtiger: zwangsläufig gehen mußte (Abb. 8). Ein solches Blatt politischer Graphik kann für den Schüler ein komplexes Problem der Zeitgeschichte einsichtig werden lassen. Allerdings stellt gerade das Werk A. Paul Webers gewisse Ansprüche an die Abstraktionsfähigkeit der Schüler. So stoßen, wie ich feststellen konnte, Blätter wie »Rückgrat raus« in 7. und 8. Klassen noch auf Verständnisschwierigkeiten, während die Graphik »Das Verhängnis« sich mit didaktischer Legitimität und altersspezifischer Angemessenheit in fast allen zeitgeschichtlichen Unterrichtswerken der Haupt- und Realschule findet.

I. Holm und E. Wagler haben in einer kurzen Studie über den Einsatz von Graphiken Webers in einem 7. Schuljahr berichtet [5]. Das darin enthaltene Unterrichtsprotokoll bestätigt, daß gerade die Arbeiten dieses Künstlers eine Vielzahl von Impulsen für eine Auswertung unter zeitgeschichtlichen Gesichtspunkten in den Gesprächspartnern auszulösen vermögen. Vergleicht man aber den Anteil der vom Lehrer gegebenen Informationen mit jenem, der auf sachinformative, von den Schülern selbst gefundene Einsichten schließen läßt, erkennt man, daß dem Einsatz solchen Bildmaterials im Bereich der Mittelstufe Grenzen gesetzt sind.

Auch für die anschauliche Deutung bestimmter gravierender Charaktereigenschaften von Politikern kann die Karikatur als didaktisches Hilfsmittel dienen. Es läge nahe, in diesem Zusammenhang sich der Porträtkarikatur zu bedienen. Die Praxis zeigt nun aber, daß diese in ihrer verschlüsselten Vieldeutigkeit und grotesken Überspitzung in der didaktischen Auswertung kaum mehr erbringt als jede andere unkritisch-possenhafte Witzzeichnung schlechthin. Die Interdependenz physischer und psychischer Merkmale in der Physiognomie – und sei es auch nur eine geargwöhnte oder vom Künstler listig unterstellte – ist dem Kind und Jugendlichen noch nicht in der Weise bewußt wie dem Erwachsenen; ihre Transposition in die graphische Gestaltung bleibt für den Schüler dadurch meist irrelevant. Es scheint deshalb ratsam, auf eine Darstellung zurückzugreifen, die den inkriminierten Charakterzug an Hand eines Handlungsablaufs veranschaulicht. Fast alle Hitlerkarikaturen des berühmten englischen Karikaturisten Low verwenden diese Konzeptionsweise, die eine gewisse Affinität zu heuristisch-transitorischen Metaphern besitzt. (Abb. 9) Diese Karikatur Lows umreißt Hitlers pathologische Selbstüberschätzung, seine vor allem in der Endphase des Krieges immer stärker hervortretende Vorstellung von sich selbst als Werkzeug der Geschichte, als überragenden Feldherrn, der auf Grund eigener Genialität das Recht habe, sich über die Ratschläge seiner Generäle hinwegzusetzen, die – und das ist ja das Makabere der Situation – dennoch befehlshörig ihm in den Untergang folgen. Man sieht, die ganze Endphase des Zweiten Weltkrieges mit ihren Ursachen und Auswirkungen wird in dieser Darstellung zusammengerafft. Gerade das aber ließ mich bei der Antizipation didaktische Ergiebigkeit voraussetzen, als ich diese Karikatur in einer 9. Hauptschulklasse einsetzte, und zwar am Schluß, als Motivation für eine immanente Wiederholung der Besprechung des Zweiten Weltkrieges.

Zunächst schien die Graphik den Schülern gewisse Verständnisschwierigkeiten zu bereiten. Der Mützenturm auf dem Kopf Hitlers wurde zwar als karikiertes Symbol seiner Macht verstanden, der Bezug des ganzen Bildes zu Hitlers Selbsteinschätzung und Selbstglorifizierung – letztlich Ausgangspunkt und widersinnige Ursache des dargestellten Vorganges – schien sich den Schülern zunächst nicht zu erschließen. Um den Zugang von einem ähnlichen Aspekt her zu ermöglichen, erzählte ich einen politischen Witz der damaligen Zeit, der zu jener Kategorie gehörte, für die die GESTAPO stets ein besonderes Interesse entwickelte, weil sie Wesenseigenschaften Hitlers mit aller Schonungslosigkeit dekouvrierte. Ich zitiere ihn hier in dem Wortlaut, mit dem ihn Hans-Jochen Gamm in seiner zeitgeschichtlichen Publikation »Der Flüsterwitz im Dritten Reich« [6] wiedergibt: »Eines Tages ließ sich Hitler in einem Boot von Hermann Göring insgeheim aufs Meer hinausrudern. ›Reichsmarschall‹, sagte er, als sie ein Stück weit draußen waren, ›kann man uns vom Lande aus noch sehen?‹ ›Nein, mein Führer‹, meldete Göring, nachdem er sich vergewissert hatte, worauf Hitler über den Bootsrand kletterte und nach biblischem Muster auf dem Wasser zu wandeln versuchte. Natürlich versank er, und Göring konnte ihn gerade noch am Kragen wieder ins Boot ziehen. Nachdem Hitler tüchtig Wasser ausgespien hatte, klopfte er mit dem Knöchel schulmeisterlich auf die Bootsbank und stellte fest: ›Dann hat es der andere auch nicht gekonnt!‹ « Was zunächst als didaktisches Wagnis erschien – denn schließlich setzte der

16

Witz eine ähnliche Abstraktionsfähigkeit voraus wie die gezeigte Karikatur – gelang (sei es durch die Assoziation der beiden ähnlichen Vorgänge des Über-das-Wasser- bzw. -den-Sumpf-Schreitens und des Versinkens): aus der nunmehr umfassenden Deutung der Karikatur entwickelte sich ein Unterrichtsgespräch, das nicht nur zur Vertiefung der bisher wissensmäßig verarbeiteten zeithistorischen Fakten beitrug, sondern eine Einsicht in die Handlungsweise der beteiligten Gruppe der Generäle und in Hitlers abstrusen Charakter brachte, und damit Hintergründe und Triebkräfte dem Verständnis erschloß [7].

7. Gesellschaftskritische Aspekte

Die Gegenüberstellung zweier oder mehrerer Karikaturen aus dem zeitgeschichtlich-politischen Bereich und ihre Präsentation im Unterricht kann von besonderer didaktischer Repräsentabilität und Ergiebigkeit sein, wenn es im Unterrichtsgespräch gelingt, gewisse Symptome in den peripheren Bereichen der Geschichte und der Gegenwart aufzudecken, die ihre Ursachen in einem speziellen sozialen und politischen Fehlverhalten haben, gegenüber dem ein erheblicher Teil der Deutschen offenbar eine besondere Anfälligkeit besitzt. So zum Beispiel die Neigung, trotz der Folgen eines mit allen Konsequenzen verlorenen Krieges, den Publikationen der ehemals herrschenden und für Entstehung und katastrophalen Verlauf der kriegerischen Auseinandersetzung verantwortlichen Gruppen ein geradezu hektisches Interesse entgegenzubringen, was schließlich – und das ist das Gefährliche daran – zur unreflektierten Übernahme eines Teiles der Argumentation jener Gruppen geführt hat. (Abb. 10) Die Karikatur Erich Schillings aus dem Jahre 1919 ironisiert warnend dieses Symptom in der Situation nach dem Ersten Weltkrieg, eine andere aus dem Jahre 1950 (Abb. 11) bestätigt die gleiche Neigung breiter Bevölkerungskreise bis in unsere Gegenwart hinein. Diese Graphik mit dem für jene Art von Nachkriegspublikationen signifikanten Begleittext »Göring war gar nicht so« stammt von Mirko Szewzuk, dessen in den 50er Jahren in der »Welt« erschienene Karikaturen zu den künstlerisch bedeutsamsten der Gegenwart gehören. (Abb. 12) Das bestätigt auch das Blatt »Der Vor-Gesetzte«, in dem er sowohl die autoritäre Tendenz der bürokratischen Hierarchie wie auch die Subordinations-Seligkeit des Deutschen mit den Mitteln graphisch gestalteter Kritik entlarvt.

(Abb. 13) Eine andere, ebenfalls typisch deutsche Untugend, die Titel- und Ordenssucht, wird von A. Paul Weber in seiner souveränen Gestaltungsweise enthüllt und dem Gespött berechtigterweise preisgegeben. (Anm.: An Hand dieser Graphik Webers sind in Teil B Unterrichtsplanungen entwickelt worden, um Bildanalyse, Interpretationsmöglichkeiten und Variabilität in der Unterrichtsgestaltung an einem konkreten Beispiel darstellen zu können!)

(Abb. 14 und 14 a) – Auch die Neigung, den politischen Gegner zu verunglimpfen, ihn mit einem sehr bald Schimpfwortcharakter annehmenden Pauschalurteil zum verantwortungslosen Umstürzler oder aber – wie figura zeigt, durchaus wechselweise – zum hoffnungslos Rückständigen zu deklarieren, wird immer wieder thematisches Sujet der Karikatur. Wenn Hicks mit seiner darauf abzielenden Kritik 40 Jahre überspannt und seiner Bildfolge die Unterschrift »... s' ist halt bei uns so Sitte« gibt, weckt er mit diesem Textzitat aus der Strauß-Operette »Die Fledermaus« zugleich die weiterreichende Assoziation, wie wenig die dort amüsant persiflierte Lebensart des »chacun à son goût« bei uns zu Hause ist. –

Die letzten der bisher erwähnten Karikaturbeispiele zeigen, daß mit ihrer Hilfe – denn Medien sind ja didaktische Hilfsmittel, kein Unterrichtsersatz – der Zugang zu einer Vielzahl von Themenkreisen aus der politischen Verhaltenslehre gefunden werden kann, und zwar mit jener Mischung von ernsthaftem Denkanstoß und immanent wirksamer Ironie, die den eigenen Standpunkt immer wieder in Frage stellt und damit jene Verhaltensweise unmöglich zu machen bestrebt ist, die Hicks in seiner Bildfolge als gleichsam »nationale Schwäche« enthüllt, indem er mit den Mitteln graphischer Satire eindringlich vor ihr warnt. Ironie ist ja ein gutes Mittel, die Menschen gegen die Überbewertung des eigenen Standpunktes zu immunisieren. Schon die aufkeimende Einsicht: »Eigentlich hat der Karikaturist ja recht!« impliziert den Ansatz zur Toleranz den anderen Meinungen gegenüber. In jeder gelungenen zeitkritischen Karikatur steckt die Intention, Lernprozesse anzuregen und auszulösen mit dem Ziel, eingeschliffenes Verhalten und

Fehlverhalten gegenüber der gesellschaftlichen Wirklichkeit zu korrigieren.

In diesem Zusammenhang sei auch darauf hingewiesen, welche Möglichkeiten sich bei einer Verwendung der Karikatur zur Weckung des Problembewußtseins bei der unterrichtlichen Erschließung eines so wichtigen Themenkreises wie »Entstehung und Bekämpfung von Stereotypen und Vorurteilen« bietet (etwa durch die empirische Auswertung einer unter dem Stichwort »Nationaltypen« zusammengestellten Karikaturenreihe, jeweils in der eigenen und in der Sicht der anderen Völker) oder anderer fragwürdiger Typisierungen (»Kapitalist«, »Kommunist«, »Priester«, »Neureicher«, »Sozialrevolutionär«, »Konformist« usw.) und schließlich gruppenspezifischer Klischees und gewisser Mechanismen des Rollenverhaltens.

Eine interessante Unterrichtskonzeption wird von Hugo Andreae [8] dargestellt. Sie ist allerdings – im Gegensatz zu den hier vorrangig für die allgemeinbildenden Schulen gegebenen Beispielen – deutlich auf die Berufsschulpraxis bezogen und erscheint damit eher den Diskussionsmöglichkeiten unter politisch vorgebildeten Erwachsenen angenähert. Andreae schildert in Protokollform den Verlauf einer Unterrichtsstunde über das Thema »Der technische Fortschritt«, in der als mediale Motivation A. P. Webers Graphik »Die Prozession« verwendet wurde. Wenn die gesprächsauslösende Dynamik dabei auch stärker von der illustrativen als von der kritischen Tendenz des Bildes getragen wird, so zeigt die aufgezeichnete Diskussion Spontaneität und Engagement in einem Maße, das die Auswahl des Mediums durch didaktische Ergiebigkeit bestätigt.

8. Psychologische und didaktische Prämissen

a) Altersstufen und Reaktionsformen

Aus der fachspezifischen Sicht des sozialkundlich-politischen Unterrichts heraus ist unter dem Gesichtspunkt der anthropogenen und sozial-kulturellen Determination die Frage aufzuwerfen, inwieweit denn Kinder und Jugendliche durch das Medium Karikatur bei der Gewinnung von Einsichten in politische Prozesse und gesellschaftliche Verhaltensweisen gefördert werden können. Man ist ja geneigt, z. B. das Verständnis für Ironie als eines der Kriterien des Erwachsen-Werdens anzusehen. Nun ist es aber auch in diesem Falle so, daß die Anschauung offenbar den Prozeß des Verständnisses von Humor zu leiten und zu fördern vermag [9]. Die von Arnold Gesell [10] getroffene Feststellung, daß Witzzeichnungen und humorige Bildgeschichten schon beim 11jährigen beliebt sind und bereits der 13jährige Witzzeichnungen mit – wie Gesell formuliert – »ziemlich spitzfindigem Inhalt« in sein Interesse einbezieht, bestätigt sich jedem Lehrer in der Alltagspraxis. Macht man sich klar, daß in den Anfangsklassen Buschs Bildergeschichten oder Walt Disneys Tierkarikatur-Bildfolgen fast jedem Schüler vertraut sind, nimmt das nicht wunder. Der Ausgangspunkt für das spätere Verständnis von karikierender Graphik und politisch-kritischer Bildchiffre ist also schon in diesem Schüleralter anzusetzen. Hinzu kommt, daß die vereinfachende Linearität vieler Karikaturen – W. Busch hat ja ausdrücklich eine humoristisch gereimte Zeichenanweisung für Karikaturen des »Alten Fritz«, wie er schreibt, und Napoleons gegeben – die Anregung bietet, sie nachzuzeichnen, den Karikaturisten nachzuahmen. Ein Vertreter der bildnerischen Erziehung mag das berechtigt mit Skepsis betrachten, dem Sozialkundelehrer bestätigt es das ihm genehme Schülerinteresse. Ich entsinne mich jedenfalls in diesem Zusammenhang eines 11jährigen in einer meiner eigenen Klassen, der mit Vorliebe politische Karikaturen zeichnete, natürlich mit Anlehnung an publizierte Vorbilder. Franz Josef Strauß gelang ihm dabei am trefflichsten. Vielleicht kam es daher, daß er als gebürtiger Münchener ein gewisses Einfühlungsvermögen in die Darstellung jener gedrungen-behäbigen Typen hatte, die auch in den Karikaturen Gulbranssons, der ja München zur Wahlheimat erkoren hatte, immer wiederkehren.

b) Der Rebus-Charakter als Auslösungseffekt

Die Voraussetzungen für eine unterrichtspraktische Verwendung der Karikatur sind also in psychischer Hinsicht, gelegentlich sogar in manuell-nachgestaltender, gegeben. Und doch bedarf es natürlich eines allmählichen Heranführens und eines übenden Umgangs, um die politische Karikatur wirklich fruchtbar im politisch-sozialkundlichen Unterricht einsetzen zu können. Werner Hofmann, der Herausgeber des umfassenden Sammelwerkes »Die Karikatur von Leonardo bis Picasso« [11] hat in einer vorausgeschickten Studie sehr überzeugend nachgewiesen, daß die Karikatur, ähnlich dem Wortspiel, durch ihre Neigung, Anspielungen zu verschlüsseln, Rebus-Charakter habe und dem Betrachter die Anregung biete, seinen visuellen Spürsinn zu entwickeln.

Dafür einige Beispiele von enger gezogener Aktualität. Wenn diese englische Karikatur (»Besetzt!«) aus dem Dezember 1967 (Abb. 15) Schritt für Schritt entschlüsselt werden soll, muß jedes Bildelement in die Deutung einbezogen werden; dann aber ergibt sich der damalige Stand der EWG-Verhandlungen mit allen Einzelheiten. Eine solche Karikatur enthält in nuce fast die ganze thematische Struktur für eine Unterrichtseinheit zu diesem Thema [12]. Es ist leicht vorstellbar, wie anders eine Sozialkundestunde sich gestaltet, die sich eines Mediums mit solcher gesprächsauslösenden Dynamik bedient, als eine, die aus einem trockenen Lehrerreferat heraus lebendige Diskussion entwickeln will. Ein solches Medium fordert multivalente Lösungsformen und Bereitschaft zur Variabilität im Unterrichtsverlauf.

(Abb. 16) Oft ist – wie hier, die Karikatur bezieht sich auf die Volksabstimmung über die DDR-Verfassung vom 6. April 1968 – eine bewußt implizierte Widersprüchlichkeit die intellektuelle Triebkraft, die zur Entschlüsselung und damit zum Durchdenken des dargestellten politischen Problems anreizt. Durch Anschaulichkeit Problembewußtsein, d. h. Denkanreize zu schaffen, die schon vom Ansatz her eine kritische Distanz bewußt einschließen, das ist die wichtigste fachspezifische Funktion der politischen Karikatur. Sigmund Freud sagt in seiner Studie »Der Witz und seine Beziehung zum Unbewußten«, daß der Witz eine bestimmte Lebensdauer habe und nicht mehr zünde, wenn er ausführlich kommentiert werden müsse, um verstanden zu werden. Das gleiche gilt natürlich auch für die Karikatur. Immer wieder aber entdeckt der Sozialkundelehrer, der sich nach exemplarisch verwendbarem Karikaturenmaterial für seinen Unterricht umsieht, daß in scheinbar längst von der politischen Realität überholten Bildpolemiken ein paradigmatischer Kern steckt, der auch unter aktuellen Aspekten neu gesehen und verwendet werden kann. (Abb. 17) Diese

Karikatur H. E. Köhlers stammt zwar aus der Debatte um das Lebensmittelgesetz des Jahres 1958. Sie bietet aber – z. B. bei einer Heranziehung für das Unterrichtsgespräch in einer 9. oder 10. Klasse – den beständig aktuellen Anreiz, bei der Diskussion einer Gesetzesvorlage (und wir erleben ja immer wieder, wie wichtig eine solche faktenbezogene Diskussion sein kann) an Hand des Textes nun einmal nach dem zu suchen, was der Karikaturist hier als »Gummizug«, »Verwässerungsanlage« und »Hintertürchen« glossiert. (Abb. 18) Auch diese Karikatur Mirko Szewczuks, vor 16 Jahren entstanden, ist heute noch von bestürzender Aktualität, jeder nähere Hinweis erübrigt sich – leider!

Ich erwähnte eingangs die Schilderung einer durch mediale Motivation mit Hilfe einer Karikatur recht erfolgreich gestalteten Sozialkundestunde bei Rudolf Engelhardt. Sie findet sich in dem Abschnitt »Zur Frage der Wissensvermittlung« seiner Publikation »Politisch bilden – aber wie?« [13]. Engelhardt legt eine Zeichnung Hartungs zugrunde (Abb. 19), die eine Phase der Auseinandersetzung um die nukleare Mitverantwortung kritisch beleuchtet, wie sie sich Anfang der 60er Jahre bot. Er beschreibt ausführlich, wie Schüler einer 7./8. Landschulklasse an Hand dieser Karikatur – die sie, wie auch er erwähnt, zunächst als Bilderrätsel begriffen, das ihnen Spaß machte – sich allmählich mit den darin enthaltenen, ursprünglich unbekannten politischen Fakten vertraut machen, und schließlich drei Grundeinsichten angebahnt werden: ». . . einmal die Einsicht in die globale Abhängigkeit der Nationen, zum anderen in den durch diese Abhängigkeit veränderten Souveränitätsbegriff und schließlich in die Formen außenpolitischer Auseinandersetzung zwischen verbündeten Nationen.« Das wird an Hand des Unterrichtsverlaufs recht überzeugend dargestellt, – nur, wenn wir hören, daß es nötig wurde, einen der Schlüsselbegriffe, nämlich den der »Waffenkammer«, durch Lehrvortrag ausführlich zu erläutern, dann gibt das für die eigene Praxis doch den Hinweis, in jedem ähnlichen Falle zu bedenken, ob denn in einer Karikatur nicht wenigstens alle Schlüsselbegriffe den Schülern bekannt sein müssen, wenn sie wirklich kontrollierbare Unterrichtsergebnisse bringen soll. Allerdings kann Engelhardt darauf verweisen, daß Kontrollversuche in anderen Klassen ergaben, daß in der Klasse, deren Wissenserarbeitung durch das Karikaturenbild angeregt und gedächtnismäßig »gedeckt« war, bedeutend günstigere Lernergebnisse erzielt wurden. Die von ihm vorgeschlagene Gliederung des Unterrichtsverlaufs bei Einbeziehung einer Karikatur ist methodisch sinnvoll und entspricht der Unterrichtsstruktur, wie sie sich bei Verwendung eines visuellen oder akustischen Mediums in der Initialphase anbietet. Verallgemeinert heißt das: Medienpräsentation, Möglichkeit des unbeeinflußten Partnerschaftsgespräches, Raum für Spontanäußerungen, Deutungsversuche in Form eines möglichst freien Unterrichtsgespräches, zunächst noch am Dargestellten orientiert, dann mehr und mehr der schrittweisen Klärung des dargestellten politischen Problems nachgehend, was schließlich die Gewinnung bestimmter Einsichten und die Anbahnung eines eigenen Urteils anstreben und auslösen soll. (Abb. 20) Wie in jenem anderen heute noch in der Schulwirklichkeit sträflich vernachlässigten sozialkundlichen Themenkreis der Konsumerziehung – auch hier bietet die Karikatur Motivationen zur Analyse – ist auch bei der Einbeziehung der politischen Realität durch eines ihrer aktiv kritischen Medien, die Karikatur, in den Unterricht der entscheidende didaktische Impuls: die Möglichkeit zu nützen, »dahinterzukommen«, ein authentisches Dokument der politischen Kontroverse auf seinen Wahrheitsgehalt hin zu untersuchen, etwa in dem Sinne, wie es Monsheimer [14] in ähnlichem Zusammenhang vorschlägt: was sagt der Künstler über Ereignisse, Personen, Zustände? – Wie sagt er es; welcher Ausdrucksmittel bedient er sich? Wo steht er selbst? Welche Motive veranlassen ihn zur Stellungnahme?

9. Gefahren einer Mißdeutung

Nun ist die Karikatur ein expressives Ausdrucksmittel, sie kann polemisch verzerren, wahrheitswidrig entstellen, Spott bis zum Hohn, Gegnerschaft bis zum Haß steigern. Sie kann aber auch kaschieren und vom Wesentlichen ablenken, schließlich fiktive politische Gegner als Popanz aufbauen – wie wir das besonders in den Diktaturen beobachten können. Die Frage liegt nahe: könnte hier nicht die Gefahr bestehen, daß der Lehrer durch Auswahl und Unterrichtsgestaltung manipuliert? Nun zunächst: er sollte nicht nur selbst auswählen, er sollte seine Schüler dazu anhalten, Karikaturen in einer Sammelmappe zusammenzustellen. Dabei wird sich dann sehr bald herausstellen, daß die Schüler auf die unterrichtliche Auswertung dieser oder jener Karikatur drängen, die er von sich aus nicht in den Unterricht einbezogen oder für die Einverleibung in die »Wandzeitung« der Klasse vorgesehen hätte. Aber noch aus einem viel tiefer liegenden Grunde ist die Gefahr einseitiger Manipulation hier außerordentlich gering: die der Karikatur innewohnende Tendenz zur polemischen Überspitzung fordert ihrerseits zwangsläufig zur Gegenstellungnahme heraus. Das heißt, da die Karikatur selbst Produkt der Kontroverse ist, bedingt sie die Artikulierung des Gegenstandpunktes und schafft durch kritische Distanz die Möglichkeiten zur sachlichen Diskussion auf der Basis politischer Realität. Ein Lehrer, der die Karikatur als eines der fachspezifischen Medien in seinen Unterricht mit einbezieht, kann gar nicht, selbst wenn es seinen persönlichen Neigungen entspräche, seinen Schülern vormachen, sie lebten in einer harmonischen, konfliktfreien gesellschaftlichen und politischen Ordnung öffentlichen Lebens. (Abb. 21) Es gibt z. B. – wir alle wissen das – immer noch Sozialkundestunden zum Thema »Wahlrecht und Wahlsysteme«, die erinnern in ihrer naiv verniedlichenden Anlage (Motto: »Wir wählen einen Klassensprecher – na, und so ähnlich wählen die Erwachsenen auch«) mich immer an Heinrich Zilles Karikatur des Kinderspiels von der Reichstagswahl. (Abb. 22) Ein Lehrer, der aber z. B. nach dem aktuellen Anlaß einer Landtagswahl das gleiche Thema mit einem kritischen Fragenkomplex verbindet, wie er in dieser Karikatur in das Betrachtungsfeld gerückt wird, der kann das derzeitige nicht als das Nonplusultra aller möglichen Wahlsysteme ausgeben. Aber in seinem so intendierten Unterrichtsgespräch wird etwas sichtbar werden von den Schwierigkeiten politischer Willensbildungsprozesse und – trotz aller menschlicher Unzulänglichkeiten – von der Notwendigkeit ständiger Bemühungen um eine optimale Lösung [15].

10. Medium der Kritik – kritischer Umgang mit dem Medium

Neben der Funktion der politischen Karikatur als fachspezifisches Medium im bisher dargestellten Sinn steht, und darauf sei abschließend noch hingewiesen, ergänzend die Funktion der Karikatur als übende Umgangsform mit einem Massenmedium, einer Form des distanzierten, des kritischen, rationalgesteuerten Umgangs. Damit leistet sie zugleich Hilfe bei der Ausbildung einer für das Leben in der pluralistischen Industriegesellschaft notwendigen Fähigkeit, einer zeitgemäßen Kulturtechnik. Das ist ihr pragmatischer Aspekt innerhalb der Wirkungsstruktur moderner Massenkommunikation. McLuhan [16] hat in seinem jüngst in deutscher Übersetzung unter dem Titel »Die magischen Kanäle« erschienenen Werk die Theorie entwickelt, daß die Karikatur als ein detailarmes, oder wie er sagt, »kühles« Medium, den Betrachter schon während der visuellen Aufnahme zwinge, bei der Ergänzung und Deutung der Hinweise, die er von den begrenzenden Linien spärlich bekomme, aktiv mitzuwirken. (Er stellt übrigens – ohne daß ich hier näher darauf eingehen kann – eine enge Ähnlichkeit des Wahrnehmungsvorganges bei Karikatur und Fernsehbild fest.) Wenn die Forschung bei diesem Medium die Beteiligung des Intellekts schon im Stadium der Aufnahme konstatiert, so dürfte darin eine Bestätigung für die Richtigkeit der Annahme auch aus dieser Sicht gegeben sein, daß die politische Karikatur als spezifisches Medium in einem Fachgebiet gelten muß, das sich ja vor allem der rationalen Aufklärung und dem autonomen Denken verpflichtet weiß und deshalb ein Anschauungsmittel bevorzugen muß, bei dem kritische Distanz und Aktivierung intellektueller Fähigkeiten als Wirkungsfaktoren schon implizite vorausgesetzt werden dürfen.

Zusammenfassend sei noch einmal darauf hingewiesen: Der Verwendung der Karikatur im politisch-sozialkundlichen Unterricht sind durch die Vielgestaltigkeit und die immanenten Intentionen des Mediums selbst Grenzen gesetzt, wenn sie die Möglichkeit mißbräuchlicher Auswahl und Interpretation ausschließen soll. (Auch Monsheimer hat darauf hingewiesen, daß eine zeitgeschichtliche Epoche, wie z. B. die Weimarer Republik nicht, oder gar: nicht nur an Hand politischer Karikaturen dargestellt werden könne, wolle die Darstellung nicht selbst zur Karikatur werden [S. 10]. Das gilt selbstverständlich auch für Probleme der Gegenwart.) Aber es ist darauf aufmerksam zu machen, daß die Funktion der Karikatur als einer graphisch gestalteten Aussage der Kritik und als »anschauliches« Dokument gesellschaftlicher und politischer Konfliktsituationen die Möglichkeit bietet, bei sinnvollem unterrichtlichen Einsatz (im angemessenen Wechsel mit anderen politisch relevanten Medien) Problembewußtsein zu schaffen, Lernprozesse anzubahnen oder bereits gewonnene Einsichten zu vertiefen und zugleich den Unterrichtsprozeß realitätsbezogen und lebendig zu gestalten.

B. Beispiele für Unterrichtsplanungen

unter Verwendung einer politisch-gesellschaftskritischen Karikatur

Verwendetes Medium: A. Paul Weber »Es ist erreicht« (s. Abb. 13)

Vorbemerkungen

Ausgangspunkt jeder Planung unter Verwendung eines statischen Bildes muß eine eingehende, allen Deutungsmöglichkeiten nachspürende *Bildanalyse* durch den Unterrichtenden sein. Wie alle Arbeiten A. Paul Webers zeichnet sich auch seine Graphik »Es ist erreicht« durch eine Gestaltungsweise aus, die neben der genialen kompositorischen Raumaufteilung das Charakteristikum der Karikatur »großen Stils«, die disziplinierte Beschränkung auf das Wesentliche und Typische, bei gleichzeitiger Akribie in der Handhabung zeichnerischer Mittel erkennen läßt. Innerhalb verschiedener, sich unwesentlich unterscheidender Entwürfe zum gleichen Sujet werden die Kriterien eines intensiven künstlerischen Gestaltungsprozesses sichtbar, gleichzeitig wird dabei der zeitkritische Ansatz immer ausgeprägter ins Grundsätzliche und zeitlos Gültige überhöht.

Weber schildert den servilen Karrieristen, den dienernden Ehrgeizling in einem, wie dieser selbst wähnt, »triumphalen« Augenblick, der Ordensdekorierung! Das beigegebene, charakterisierende Textwort (»Es ist erreicht«) unterstreicht diese der graphischen Darstellung innewohnende Tendenz. Im Mittelpunkt des Bildes und der Figur selbst prangt der überdimensionale Orden. Wie die Kleidung hat auch die Ordensform zugleich etwas zu Assoziationen Herausforderndes wie auch Prototypisch-Zeitloses. Sie erinnert an historische Ordensformen (Malteserorden, Johanniterkreuz – auch eine Reihe westeuropäischer und skandinavischer Auszeichnungen haben ähnliche Grundformen), vor allem aber auch, besonders durch die Tragweise, an das Ritterkreuz zum Kriegsverdienstkreuz im Zweiten Weltkrieg (das führenden Männern der sogenannten »Wehrwirtschaft« verliehen wurde) und schließlich an das Verdienstkreuz der Bundesrepublik. Eines wird deutlich: es handelt sich nicht um eine militärische, es handelt sich um die »Dekoration« eines »Zivilisten«.

Wesentlich für die Gesamtwirkung des Blattes ist auch die Kleidung. Die Figur präsentiert sich im »großen Gesellschaftsanzug«, die Höhe des Kragens scheint nur eine Blickrichtung und eine Korrektheit der Haltung zu erzwingen, der aber die Biegung des Rumpfes ihrerseits hohnspricht. »Umgeht« die Figur eine Schwierigkeit? Laviert sie um ein Problem herum? Vieldeutig, wie sich fast jedes Wort in dieser verbalen Nachzeichnung der graphischen Gestalt von selbst ergibt, ist die gesamte Ausdruckshaltung: bei aller Geschmeidigkeit und Anpassungsfreudigkeit bleibt ein »Auf-der-Linie-Schreiten« sichtbar. Die Gestik der Arme und Hände ist in einem Moment festgehalten, in dem man nicht weiß, ob sie im nächsten Augenblick »stramm an die Hosennaht« gelegt werden oder nur im Rhythmus des affektierten Gehens mitschwingen, das sich geschickt einer Biegung des »Erfolgsweges« anpaßt.

Ähnlich vieldeutig bietet sich auch die Physiognomie des eiförmigen Kopfes dar: ein Mund: in dessen wellenförmig geschwungener Mittellinie Ernst und Heiterkeit zu einer ständig unverbindlichen, nichtssagenden Floskel geronnen zu sein scheint, eine wichtigtuerische, gewaltige Brille, hinter der die Pupillen »bedeutsam« nach vorn und nach unten (!) blicken. Schließlich die Ohren, unverwechselbar dem Tierreich entlehnt, steil aufgerichtet wie die Lauscher eines Luchses, in ihrer ringförmig wechselnden Färbung an die Lunte einer Wildkatze oder das Fell einer Streifenhyäne erinnernd. Die katzenartigen Ohren bringen eine letzte, zusätzliche Nuance in das Bild, sie lassen ahnen, daß dieses lemurenhafte Männlein bei aller Skurrilität auch etwas Animalisch-Lauerndes an sich und in sich hat, mit dem es erfolgreich seiner Beute, dem Orden, nachgejagt ist und daß es diese Ordensbeute nicht zuletzt intriganter Rücksichtslosigkeit verdankt.

Wie im gesamten Werk A. Paul Webers ist auch in dieser Arbeit eine Vielzahl symbolischer Details nachweisbar, die aufeinander bezogen und untereinander so abgestimmt sind, daß sie in ihrem Zusammenwirken eine karikierend-entlarvende Überspitzung ergeben und damit, von der desillusionierenden Wirkung ausgehend, zum Nachdenken über den gesellschaftskritischen Inhalt herausfordern.

Zur didaktischen Analyse und zur Antizipation

Die folgenden Überlegungen beziehen sich auf eine Verwendung der gen. Graphik Webers in den jeweiligen Abschlußklassen der Haupt- bzw. Realschule.

Die Bildanalyse gibt bereits einen Katalog der Einzelheiten, die vom Schüler bei der Betrachtung des Bildes gefunden werden können. Eine Vollständigkeit ist dabei weder angestrebt noch ist sie für den Stundenverlauf entscheidend. Der künstlerischen Überhöhung des kritischen Ansatzes darf eine starke gesprächsauslösende Wirkung beigemessen werden. Um ein fruchtbares Unterrichtsgespräch zu gewährleisten, müssen durch eine variabel dem Gesprächsverlauf angepaßte und behutsame Lenkung Akzente gesetzt werden, die eine übersichtliche Struktur des Aufbaus und eine Gewinnung von wesentlichen Einsichten ermöglichen.

Je nach der Intention des Vorhabens bieten sich unter anderen Planungsvarianten vor allem zwei Zielrichtungen für das Gespräch an:

I. (Bei Einsatz des gen. Mediums in der Initialphase):

Kritische Analyse eines auch in der Demokratie häufigen Menschentyps, des Karrieristen. Die Auswirkungen seines Fehlverhaltens in seinem Tätigkeitsbereich und für die Gesellschaft.

II. (Bei Einsatz des gen. Mediums im weiteren Verlauf einer Unterrichtseinheit):

Aspekte der »Symbolpflege« in der modernen Demokratie. Ordensverleihung als Auszeichnung für Verdienste gegenüber Staat und Gesellschaft, dargestellt am Beispiel der Bundesrepublik Deutschland.

Antizipation zu I

Hier bietet die Bildanalyse bereits die Möglichkeit der Gesprächseröffnung. Der Begleittext wird bei der Präsentation zunächst ausgespart.

A. Präsentation des Mediums:

1. Präsentation der Graphik, Aufforderung zur Betrachtung.

2. Stille Betrachtung – Möglichkeit zu einem (leisen) Gespräch der Schüler untereinander.

B. Diskussion an Hand des Mediums:

1. Sammeln von Spontanäußerungen (subjektive Stellungnahmen und Reaktionen).

2. Meinungsäußerungen zum Bildtitel (Begleittext).

3. Interpretationsversuche und Setzen von Akzenten.

a) Hierbei Versuch des Lehrers, durch Gesprächslenkung und eingestreute Informationen Hinweise auf die satirische Überspitzung zu geben.

b) Die Schüler sollen erkennen, daß es um die kritische Darstellung eines *Fehl*verhaltens geht, daß Auswüchse erkannt und korrigiert werden müssen.

C. Objektivierende Erweiterung des Auswertungsgespräches. Dabei können folgende Aspekte sich ergeben bzw. angestrebt werden:

1. Die demokratische Staats- und Gesellschaftsordnung setzt voraus, daß der einzelne mitverantwortlich handelt. Unsere Staatsform braucht mehr und besser mitverantwortlich Handelnde als die autoritäre oder monarchische.

2. Außergewöhnliche Leistungen einzelner, die für die Gesamtheit erbracht werden (z. B. um ihren Mitgliedern alle bildungsmäßigen, rechtlichen und wirtschaftlichen Möglichkeiten zur freien Entfaltung ihrer Persönlichkeit zu sichern), sind durchaus besonderer Anerkennung wert.

3. Wie eine »Anerkennungs-Bekundung« erfolgt, ob mit der historisierenden Geste einer Ordensvergabe oder in anderen Formen (Aufzeigen von Beispielen!), ist letztlich unwesentlich.

4. Der Karrierist als Typus und als gesellschaftliches Gefahrenmoment.

Die pluralistische Gesellschaftsform bedingt eine Vielzahl selbständig und aktiv Handelnder (in Exekutive, Legislative, Judikative, in Wirtschaft und Wissenschaft).

Die Vielschichtigkeit der Gruppeninteressen und die Unübersichtlichkeit vieler Bereiche im komplizierten System moderner Industriegesellschaften ermöglicht es immer wieder einzelnen, ihr Handeln als besonders wichtig für die Gesamtheit darzustellen (und dafür gelegentlich auch »sichtbare« Anerkennung zu finden!), obwohl es nur rein persönlich oder gruppenegoistisch motiviert ist. Sie

– sind ausschließlich auf den eigenen Vorteil bedacht, kaschieren dies aber durch wohltönende Phrasen;

– umgehen oder verschleppen die wirklichen Probleme, sprechen aber (ständig ausweichend) von der Notwendigkeit ihrer Lösung;

– geben sich ein sozialintegratives Gebaren, entpuppen sich ihren Untergebenen gegenüber aber als autoritäre Vorgesetzte;

– erstreben möglichst augenscheinliche Statussymbole (Beispiele!), um ihrer durchaus durchschnittlichen Persönlichkeit mehr Gewicht zu geben;

– fördern (um ihrer eigenen willen) Vorurteile in der Umwelt;

– nutzen geschickt bestehende Unzulänglichkeiten, um von der eigenen Unfähigkeit und Engstirnigkeit abzulenken;

– sind (s. Überlegungen zu C 1) für die moderne Demokratie eine ständige Quelle der Gefährdung.

(Zu diesen Gesichtspunkten lassen sich leicht aktuelle, den Schülern dieser Altersgruppe durchaus vertraute, allgemeine Beispiele finden!)

D. Möglichkeiten in der demokratischen Staats- und Gesellschaftsordnung, Geltungsbedürftige und Karrieristen zu erkennen und auf ihr Verhalten zu reagieren:

1. Kritischer Umgang mit den Massenmedien, rationale Analyse der Äußerungen und Handlungen sogenannter »Persönlichkeiten des öffentlichen Lebens«.

2. Einflußmöglichkeiten des einzelnen

a) bei der Teilnahme an der Meinungsbildung, bei Wahlen, durch Mitgliedschaft in Parteien und Verbänden;

b) bei der Mitarbeit in der kommunalen Selbstverwaltung;

c) durch kritische Stellungnahmen (persönliche Rücksprachen, Briefe, Ratschläge und Beschwerden);

d) gegebenenfalls durch Inanspruchnahme des Rechtsweges.
(Zu D 2 a–d vgl. Thomas Ellwein: Politische Verhaltenslehre.)

Angestrebte Einsicht

Im freiheitlich-demokratischen Rechtsstaat muß jedes Miglied der besonders »ausgezeichneten« und der mit zeitlich begrenzter und parlamentarischer Kontrolle unterliegenden Machtbefugnis ausgestatteten Führungsschicht sich der kritischen Beurteilung durch die Gesamtheit der engagierten Staatsbürger ständig bewußt sein. Nur wenn der einzelne Staatsbürger sich für die Auswahl der Mandatsträger und Repräsentanten mitverantwortlich fühlt und die Chancen für seine Einflußnahme nützt, kann Machtausübung durch Ungeeignete unterbunden werden.

Antizipation zu II

A. Als *Einstieg* kann eine aktuelle Nachricht oder ein Kommentar der Massenmedien benutzt werden, der eine Frage aus dem Bereich des Ordenswesens in kritischem Sinne aufwirft (Ablehnung einer Auszeichnung, Mißgriff bei der Auswahl, Sonderfälle, z. B. den Fall Faßbinder u. ä.).

1. Vertrautmachen der Schüler mit dem gewählten Text (Verlesen oder Verteilen von Abschriften).

2. Raum für Spontanäußerungen und erste, subjektive Stellungnahmen.

3. Übergang zu sinnvoll gelenktem Unterrichtsgespräch durch Herausstellen des Grundsätzlichen und Problematischen.

B. Objektivierende Erweiterung des Gespräches – Erarbeitung eines Orientierungswissens zur aufgeworfenen Sachfrage –. Die zitierte Nachricht (Kommentar) weist auf das Problematische der

»Pflege von Symbolen« in einem modernen demokratischen Staat hin. – Eine Reihe von weiteren Informationen kann bei der Beurteilung der speziellen Frage nach der Zweckmäßigkeit von Ordensverleihungen helfen:

1. Hinweis auf die historische Entwicklung:

a) Religiöse Orden, Ritterorden, Bruderschaften: Gesellschaften von Personen, die sich zur Einhaltung bestimmter Regeln (ordines) verpflichteten – Mitglied wird in den Orden »aufgenommen«.

b) Sichtbar zu tragendes Abzeichen für besondere Diensttreue oder hervorragende Leistungen – auch für militärische Verdienste (diese Orden sind vielfach aus taktischen Kennzeichen entstanden) – Orden werden »verliehen«.

2. Unterschiedliche Einstellung zur Frage symbolischer Auszeichnung in der Gegenwart:

a) Einzelne Staaten verzichten ganz auf derartige Dekorationen (z. B. Schweiz, Irland, Urugay).

b) Neben den Auszeichnungen, die der Bundespräsident der BRD (nach Vorschlag, mit Gegenzeichnung des Bundeskanzlers oder des zuständigen Ministers) verleihen kann, vergeben einige Bundesländer (Bayern, Niedersachsen) eigene Landesorden.

c) In anderen Bundesländern lehnt man dagegen jede Ordensannahme ab (z. B. die Senatoren von Hamburg und Bremen auf Grund einer alten hanseatischen Tradition).

– Welche unterschiedlichen Einstellungen ergeben sich aus den Tatsachen 2 a–c?

d) Einige der Ordensverleihungen haben nie Diskussionen in der Öffentlichkeit ausgelöst, z. B. das »Silberne Lorbeerblatt« für hervorragende Leistungen im Sport, die Medaille für Rettung aus Seenot, der Orden pour le mérite für Wissenschaft und Kunst.

– Welche Gründe mag es für die besondere Wertschätzung dieser Auszeichnungen geben?

3.

a) Gem. Art. 109 der Weimarer Verfassung war dem Staat die Verleihung von Orden und Ehrenzeichen nicht gestattet.

Für die Bundesrepublik wurde (durch Erlaß vom 7. 9. 1951) der »Verdienstorden der BRD« gestiftet.

– Welche Gründe kann es für die Schaffung einer solchen Auszeichnung gegeben haben?

b) Man hat gesagt, Orden »bänden den Empfänger an den Staat«, – sie seien eines der Symbole, in dem der »abstrakte« (Worterklärung) Begriff »Staat« sichtbar würde, – sie seien ein Mittel der »Integration«.

– Was heißt das?

– Bestehen diese Argumente zu Recht?

c) Wir lesen immer wieder (z. B. bei Staatbesuchen) vom Ordensaustausch zwischen Repräsentanten verschiedener Staaten.

– Wie soll man das beurteilen?

– Reiseandenken oder »Instrument der Diplomatie«?

C. Ordensverleihungen als Problem der »Symbolpflege« und der staatlichen Repräsentation in der BRD:

1. *Präsentation* der Graphik A. P. Webers »Es ist erreicht«.

2. Raum für Spontanäußerungen der Schüler zu dieser Karikatur eines bestimmten Typs von Ordensträgern.
(Hier werden Gesichtspunkte, wie sie in der Antizipation Nr. I, Abs. D 1–2 und C 4 aufgeführt sind, ins Gespräch gebracht werden!)

3. Weitere Informationen durch den Lehrer:
Bis zum April 1967 wurden 80 000 Verdienstkreuze der BRD verliehen.

a) Man sprach daraufhin von einer »Ordensinflation« (Klärung des Begriffes).

b) Was Weber mit den Mitteln der Graphik kritisiert, trat nun auch in der BRD ein:
Viele dieser Auszeichnungen wurden nicht verdient, sie wurden »ersessen« (Anpassung vieler Beamter an die höchst unterschiedlichen Staatsformen in Deutschland seit 1918);
das Bundesverdienstkreuz wurde zu einer »Ware« auf dem »Jahrmarkt der Eitelkeiten«;

die tatsächlichen, oft aber auch nur vorgeblichen Leistungen der Dekorierten waren höchst unterschiedlicher Art;

mit der Flut der vergebenen Verdienstkreuze wurde der Sinn von Ordensauszeichnungen noch mehr in Frage gestellt;

Mißgriffe minderten das Ansehen des Amtes des Bundespräsidenten – Ordensverleihung als »justizfreier Hoheitsakt« (Erklärung des Begriffes) setzt seine besondere Verantwortung in derartigen Fällen voraus.

4. Die Folgen:

a) Unzufriedenheit bei den Ausgezeichneten, vor allem bei jenen, die wirklich bedeutende Leistungen für die Allgemeinheit erbracht hatten.

b) Kritische Stellungnahmen in der Öffentlichkeit (in den Berichten und Kommentaren der Massenmedien).

c) Änderungsvorschläge des Bundespräsidialamtes für das künftige Verfahren, um die Wertschätzung der Ordensdekoration wieder zu gewährleisten.

Angestrebte Einsicht

Trotz der historischen Entwicklung und der Tradition im Ordenswesen ist dieses – wie die Frage der staatlichen Symbole und ihrer Pflege – in der modernen Demokratie nach seinem Sinn und seiner Berechtigung (Gleichheitsgrundsatz!) umstritten. Es zeigt sich jedoch auch hier, daß kritische Stellungnahmen (wofür Webers karikierende Graphik nur *ein*, wenn auch besonders eindrucksvolles Beispiel ist) dazu beitragen können, daß Auswüchse und Mißgriffe korrigiert werden. Kritische Rationalität ist auch bei der Beurteilung solcher »justizfreier Hoheitsakte« Voraussetzung für das Unterbinden von Fehlentwicklungen.

(Zum Orientierungswissen in Antizipation II vgl. H.-J. Winkler, Der Bundespräsident – Modellanalyse, Leske Verlag, Opladen 1967, S. 51 ff.)

C. Ergänzungen (Anmerkungen und Nachweise)

Literaturverzeichnis und Anmerkungen zum Text

[1] Vgl. *Heimann, Paul,* Didaktik als Theorie und Lehre, Zeitschrift: Die Deutsche Schule, Sonderdruck a. H. 9/1962, S. 415 f.
und:
Schulz, Wolfgang, Unterricht – Analyse und Planung, in: P. Heimann, G. Otto, Wolfgang Schulz, Unterricht, Analyse und Planung (Reihe B, 1/2), Hannover, 2. Auflage 1966, S. 13 ff.

[2] *Hofmann, Werner,* Die Karikatur von Leonardo bis Picasso, Wien 1956, S. 7 ff.

[3] *Heuss, Theodor,* Zur Ästhetik der Karikatur, in: Der Deutsche in seiner Karikatur, Stuttgart 1963.

[4] Siehe Quellenverzeichnis des Bildmaterials, Sig. G–L.

[5] *Holm, Ingeborg,* und *Ekkehard Wagler,* Karikaturen von A. Paul Weber im Unterricht, in: Film–Bild–Ton, Ztschr. für audio-visuelle Mittel in der Pädagogik, H. 10/1968 (Okt. 1968), S. 17 f. (Der Aufsatz enthält ein Unterrichtsprotokoll, das die zeitgeschichtliche Auswertung der Lichtbildreihe R 429 mit einer Klasse des 7. Schuljahres der Pestalozzischule Hannover während einer gemeinschaftskundlichen Arbeitswoche wiedergibt.)

[6] *Gamm, Hans-Jochen,* Der Flüsterwitz im Dritten Reich, München 1963, S. 139.

[7] Ein Plädoyer für die Verwendung des politischen Witzes im zeitgeschichtlichen Unterricht findet sich bei: *Ringel, Christel,* Der politische Witz im Unterricht der Geschichte und Gemeinschaftskunde, in: Geschichte in Wissenschaft und Unterricht, 7/1967, S. 416–431. Dort heißt es u. a.: »Nachdem der politische Witz als ein Kriterium totalitärer Herrschaft im 20. Jahrhundert erkannt worden ist, dürfte seine Eignung für den exemplarischen Unterricht in der Zeitgeschichte grundsätzlich feststehen.« Zur methodisch-didaktischen Eignung stellt die Verfasserin fest: »Der Witz ist immer sozusagen frei von Ballast, fast fleischlos, sein Verhältnis zum Stoff ist ausgesprochen das der Enthaltsamkeit und Überwindung. Er muß raffen, verkürzen, ... sonst kann er nicht wirken.« Hier wird die Affinität der satirischen Wortschöpfung, des Witzes, mit der Funktion der graphisch zugespitzten Kritik, der Karikatur, auch hinsichtlich ihrer didaktischen Relevanz überaus deutlich.

[8] *Andreae, Hugo,* Der Unterricht in der Gemeinschaftskunde, Hamburg 1965, S. 42 ff.

[9] Über die Beziehungen von Sprache und Humor in der Kindheit siehe: *Helmert, Hermann,* Sprache und Humor des Kindes, Stuttgart 1965. – Bei der Analyse der Motive kindlichen Lachens untersucht der Verfasser auch die Reaktionen auf Witze, Witzfiguren und Sprachspiele.

[10] *Gesell, Arnold,* Jugend, Das Alter von 10 bis 16, Bad Nauheim 1958, S. 338.

[11] *Hofmann, Werner,* a.a.O., S. 7 ff.

[12] Vgl. zu diesem Themenbereich auch: *Bliesener, Erich,* Europäische Integration als Thema der Karikatur, Heidelberg 1962.

[13] *Engelhardt, Rudolf,* Politisch bilden – aber wie?, Essen 1964, S. 74 ff.

[14] *Monsheimer, Otto, Prof. Dr.,* Beiheft zu den Karikaturen-Lichtbildreihen R 608 und R 609, Institut für Film und Bild in Wissenschaft und Unterricht, München o. J., S. 3. (Diese Arbeit kann als die kürzeste und prägnanteste Einführung in das Wesen der politischen Karikatur gelten.)

[15] Ein interessanter Bericht über eine Unterrichtseinheit (Doppelstunde), in der Zeitungskarikaturen verwendet wurden, die während des Wahlkampfes zum 4. Bundestag entstanden, findet sich bei: *Skala, Franz,* Die Karikatur im politischen Unterricht, in: Die Deutsche Berufs- und Fachschule, Bd. 59, 1963, H. 1, S. 47 ff. Wie schon im Falle der Darstellung von *Hugo Andreae* angemerkt, ist auch diese Unterrichtskonzeption vor allem für die spezielle Situation in der Berufsschule ergiebig. Der Verfasser schildert zunächst das Sammeln und Ordnen von Zeitungskarikaturen im Zeitraum eines Jahres. 30 für das Unterrichtsthema »Wahlkampf« besonders signifikante Karikaturen wurden durch 10 typische Situations- bzw. Kandidatenfotos ergänzt. Alle 40 Bilder wurden dann in einer gegenüberstellenden Präsentation im Unterricht verwendet. – Obwohl auch dieser Verfasser berichtet, daß die betr. Berufsschüler von dieser Gestaltung der Initialphase »begeistert waren«, »lebhafte Mitarbeit bei der Auswertung des Geschehens« zeigten und in dem so geschaffenen Unterrichtsklima »auch anfängliche Außenseiter sehr bald nach Kräften mitarbeiteten«, so scheint die Fülle des als »Einstiegstreppe« benützten Medienmaterials doch nur unter dem Aspekt relevant, daß es sich hier um Gesprächspartner handelt, die bereits in der Berufs- und Arbeitswelt stehen. Auch Franz Schönberger (»Politische Bildung in der Volksschule«, Trier 1963, S. 80 f.) fordert für die Verwendung der Karikatur im Unterricht der Volksschule in jedem Falle die Gegenüberstellung mit anderen Karikaturen zum gleichen Thema, gegebenenfalls ergänzt durch andere statische Bilder. Diese Forderung besteht im Hinblick auf die anzustrebende größtmögliche Objektivität und zur Herbeiführung eines optimalen Aussagewertes völlig zu Recht. Zu überlegen ist aber, wie die Anzahl der Bilder bei solcher Gegenüberstellung bzw. Reihungen aus didaktischen Gründen sinnvoll zu begrenzen ist.

[16] *McLuhan, Marshall,* Die magischen Kanäle, »Understanding Media«, Düsseldorf–Wien, 1. Aufl., 1968, S. 29, 175, 336 f.

Weitere Literatur zur politischen Karikatur

Ramsegger, Georg, A. Paul Weber, Stalling 1956.

Ramsegger, Georg, Duell mit der Geschichte, Deutsche Karikaturisten der Gegenwart, Stalling 1955.

Simplicissimus – Ein Rückblick auf die satirische Zeitschrift, Auswahl und Text von *Eugen Roth,* 1959.

Grosz, George, Abrechnung folgt, Berlin 1923.

Métraux, Peter, Die Karikatur als publizistische Ausdrucksform, untersucht am Kampf des »Nebelspalters« gegen den Nationalsozialismus (1933–1945), Berlin 1966 (Ernst-Reuter-Gesellschaft).

(Siehe auch Quellenverzeichnis des Bildmaterials)

Verzeichnis des verwendeten Bildmaterials

(siehe auch dessen Quellenverzeichnis)

1. *Franz Kafka*, Bittsteller und hoher Gönner (B, S. 45, Abb. 22).
2. *Jean Cocteau*, Der impressionistische Maler – um 1920 entstanden – (B, S. 54, Abb. 28).
3. *Wladimir Majakowski*, Das Satire-Fenster der ROSTA Nr. 70 – um 1920 entstanden – (L, Nr. 2).
4. Skizzen eines Beiblattes zum Rundschreiben des Gauvorstandes Hannover des Reichsbanners vom 23. 3. 1932 (E, S. 137, II).
5. (Plakat) »Sammelt Obstkerne zur Ölgewinnung« – Gipkens 1917 (G. Nr. 3).
6. Nürnberg – schuldig! (Plakat) (H, Nr. 15).
7. *A. P. Weber*, Rückgrat raus!, Vierfarb-Lithographie (I, Nr. 6).
8. *A. P. Weber*, Das Verhängnis, 1932, Federzeichnung (I, Nr. 1).
9. *Low*, Der Führer und oberste Befehlshaber – 2. 1. 1945 – (K, Nr. 17).
10. *Erich Schilling*, Enthüllungen, »Von mir können Sie ganz genau erfahren, woran Sie kaputt gegangen sind« – »Nein, von mir!« – »Ruhe! Ich habe das allein echte Material« – »Nein, ich!« – 1919 – (D, S. 18).
11. *Mirko Szewczuk*, Göring war gar nicht so . . . – 1950 – (C, Abb. 64).
12. *Mirko Szewczuk*, Der Vor-Gesetzte – 1954 (C, Abb. 71).
13. *A. P. Weber*, Es ist erreicht! (A, S. 119) (s. hierzu vor allem Teil B!).
14. und 14 a *W. Hicks*, . . . 's ist halt bei uns so Sitte! (A, S. 144/115).
15. *Fritz Behrendt*, »Besetzt!«, aus dem »Tagesspiegel« (Berlin) vom 20. 12. 1967.
16. *Oskar (Ps.)*, Das Ja zur neuen Verfassung, aus der Berliner Morgenpost vom 7. 4. 1968.
17. *H. E. Köhler*, Lebensmittelgesetz, »Also Herr Referent, der Gummizug ist schon ganz nett, vergessen Sie aber nicht die Verwässerungsanlage und das Hintertürchen« – 1958 – (A, S. 135).
18. *Mirko Szewczuk*, Es regt sich unterm Laub – 1952 (C, Abb. 13).
19. *Hartung*, Paßt! (E, S. 76).
20. *Mirko Szewczuk*, Die Schnulze (C, S. 70).
21. *Heinrich Zille*, »Aber Kinder, was macht ihr denn da?« – »Wir spielen Reichstagswahl, Mama!« (hier wiedergegeben nach: Zille-Bilder, 'Das neue Leben, Ost-Berlin, o. J.).
22. *W. Hicks*, Nach der Wahl, ». . . und nun müssen wir uns gegenseitig wieder reinwaschen wegen der Koalitionsgespräche« (A, S. 144).

Quellen des Bildmaterials

A = *Bohne, Frd.* (Hrsg.), Der Deutsche in seiner Karikatur, Hundert Jahre Selbstkritik, Stuttgart 1963.

B = *Hofmann, Werner,* Die Karikatur von Leonardo bis Picasso, Wien 1956.

C = *Szewczuk, Mirko,* Einsichten und Aussichten, Hamburg–Essen–Berlin 1957.

D = *Ramseger, Georg* (Hrsg.), Ohne Putz und Tünche, Deutsche Karikaturisten und die Kultur, Oldenburg–Hamburg 1956.

E = *Zenter, Kurt,* Illustrierte Geschichte des Dritten Reiches, München, 2. Auflage 1966.

F = *Engelhardt, Rudolf,* Politisch bilden – aber wie?, Essen 1964.

G = Institut für Film und Bild in Wissenschaft und Unterricht, München, Lichtbildreihe R 421, »Neueste Geschichte in Plakaten« (1914–1925).

H = –, Lichtbildreihe R 422, »Neueste Geschichte in Plakaten« (1929–1946).

I = –, Lichtbildreihe R 429, »Das Dritte Reich und sein Erbe im Bilde A. P. Webers«.

J = –, Lichtbildreihe R 608, »Deutschland 1918–1933 in der Karikatur«.

K = –, Lichtbildreihe R 609, »Der Nationalsozialismus in der Karikatur«.

L = Bundeszentrale für politische Bildung Bonn, Lichtbildreihe: »Das sowjetische Plakat als ein Mittel der Sowjetpropaganda«.

1

2

ОКНО САТИРЫ РОСТА № 70.

1) ТОВАРИЩИ, НЕ ПОДДАВАЙ ТЕСЬ ПАНИКЕ, ОНА ДЕЛАЕТ ОБЫКНОВЕННО ИЗ МУХИ СЛОНА.

2) И ВОТ СЛЕДСТ. ВИЕ ЭТОГО

3) НО И ВОСТРО ДЕРЖАТЬ УХО. ЧТОБ ИЗ СЛОНА НЕ ПОЛУЧИЛАСЬ МУХА.

4) СЛЕДСТВИЕ ЭТОГО ТАКОЕ

5) БЕЗ ВСЯКОЙ ПАНИКИ, НО И НЕ ЗРЯ РЕЗВО ИДИТЕ НА ФРОНТ ХЛАДНОКРОВНО И ТРЕЗВО

3

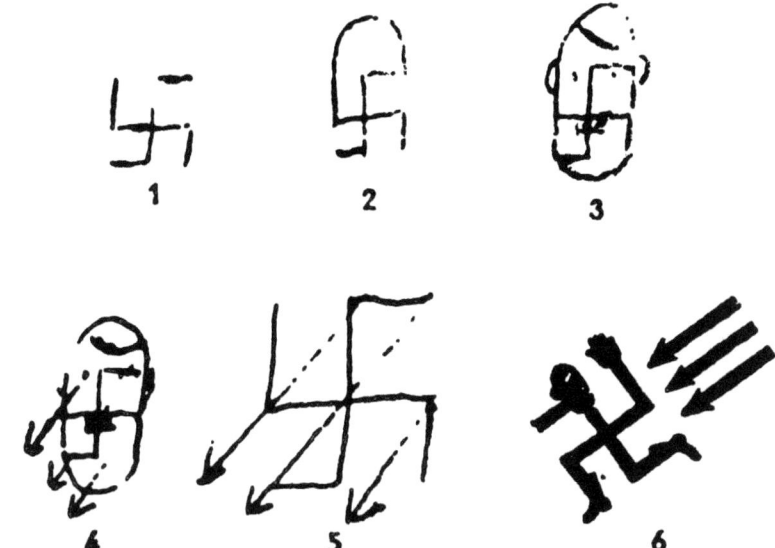

4

5

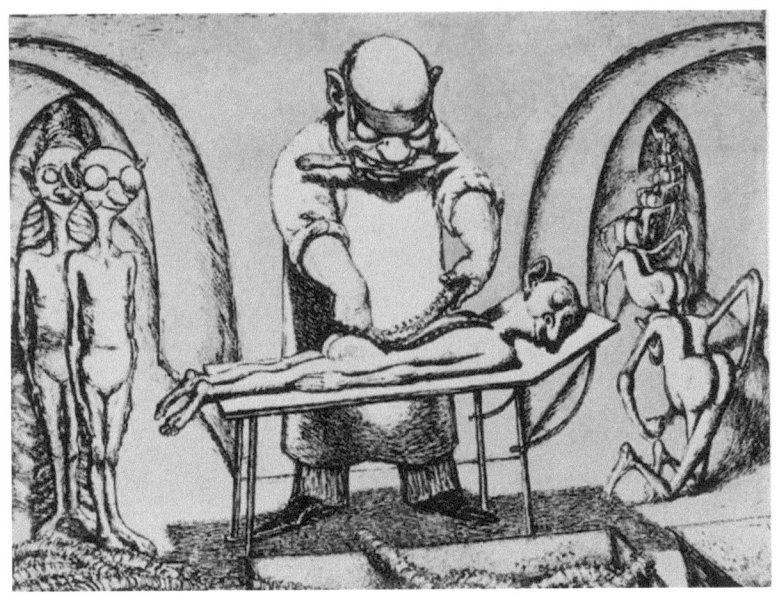

7

8

9

10

11

12

13

14

14a

15

16

17

18

19

20

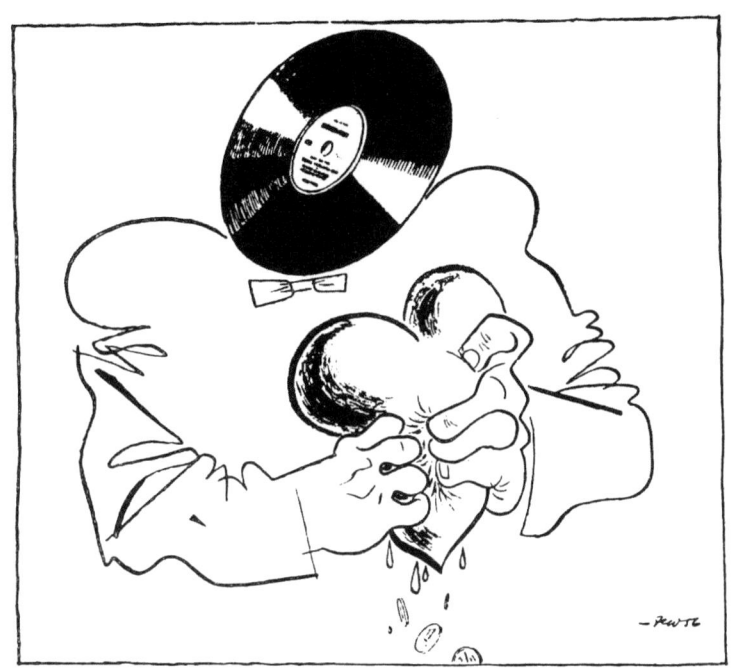

„Aber Kinder, was macht ihr denn da?" —
„… Wir spielen Reichstagswahl, Mama! …"

21

22

If you have any concerns about our products,
you can contact us on
ProductSafety@springernature.com

In case Publisher is established outside the EU,
the EU authorized representative is:
Springer Nature Customer Service Center GmbH
Europaplatz 3, 69115 Heidelberg, Germany

Printed by Libri Plureos GmbH
in Hamburg, Germany